$Ln^{27}_{}18908$
A

ÉLOGE

DE

MADAME LA MARQUISE

DE SÉVIGNÉ.

ÉLOGE

DE

MADAME LA MARQUISE

DE SÉVIGNÉ,

QUI a remporté le Prix à l'Académie
de Marseille en l'année 1777.

Semper honos, nomenque tuum, laudesque manebunt.
VIRG. Eclog. 5, v. 78.

NOUVELLE ÉDITION.

A AMSTERDAM,

Et se trouve A PARIS,

Chez la Veuve MÉQUIGNON & FILS, Libraires,
rue de la Juiverie, près l'Eglise de la
Madeleine en la Cité.

M. DCC. LXXXI.

ÉLOGE

DE

MADAME LA MARQUISE

DE SEVIGNÉ.

APRÈS les honneurs qu'ont obtenus
parmi nous les talens d'un grand Orateur,
les vertus d'un Magiſtrat, le génie d'un Phi-
loſophe, les grandes actions d'un homme
d'Etat, les exploits d'un Général d'Armée,
il eſt bien doux d'offrir un tribut d'admiration à un genre de mérite plus modeſte &
plus touchant, & de décerner la gloire à un
ſexe qui n'aſpire ſouvent qu'aux hommages
du cœur. Tel eſt le charme que j'éprouve
en célébrant Madame de Sevigné; cette
femme illuſtre, dont l'eſprit fut preſque tout

entier dans fa tendreffe, en exprimant les
affections les plus intimes de fon ame dans
un commerce épiftolaire, fans afpirer à la
gloire, fans avoir en vue la poftérité, a
trouvé dans fes aimables épanchemens les
titres de fon immortalité.

Nous voyons les effufions de fa fenfibilité
reproduites dans huit volumes, que nous
lifons avec délices, & que nous finiffons
avec regret. D'où peut naître un attrait fi
puiffant ? quelle magie eft capable de rendre
toujours agréable & toujours nouveau un
commerce épiftolaire de cette nature, une
correfpondance dont le fond principal n'ap-
prend rien au Lecteur, & l'attache cependant toujours ? Cette magie, c'eft la nature
même ; c'eft l'efprit, c'eft le cœur dans leur
fimple négligé ; c'eft une belle de quinze ans,
que l'amour & les graces ont parée pour
fon réveil, & qui ne fe doute pas de fes
charmes.

Oui, tout ce qui vient de Madame de
Sevigné eft naturel & charmant ; tout ce
qu'on peut defirer de vif, d'enjoué, de jufte,
de facile, de folide, d'agréable, formoit
l'efprit de cette femme célebre : elle joignoit
à ces rares qualités le cœur le plus tendre,

le plus fincere, le plus éloquent qui fût jamais. Ce cœur pouvoit devenir l'écueil de fa vie; mais il ne s'ouvrit qu'à l'amitié : elle en porta le fentiment au plus haut degré; ce fentiment fublime & délicieux répandoit fur tout ce qui venoit d'elle le charme qu'elle éprouvoit elle-même.

Oh vous, qui étiez fes contemporains, fes amis, qui jouiffiez des douceurs de fon commerce, quel doux plaifir ne goûtiez-vous pas dans ces foins affectueux, cette tendre follicitude, ces démonftrations fi touchantes, fi naturelles; enfin dans ces faillies d'imagination, dans ces élans de l'efprit qui peignoient d'un trait vif & inimitable les fentimens de fon cœur !

Oh vous, qui étiez fa fille, l'objet chéri de fon amour & de fes penfées, vous avec qui elle s'abandonnoit fans réferve, & qui avez fait à fa confiance un larcin fi précieux, vous feule pourriez louer dignement cette aimable mere ! Pour moi j'emprunterai la voix de fes amis, de fa fille, de ceux avec qui elle a vécu, pour la célébrer; je ferai fouvent parler Madame de Sevigné elle-même, en tirant de fes Ecrits tous les traits qui doivent la repréfenter, foit dans la

société au milieu de ses amis, soit dans la
solitude au sein de sa famille, & dans ses
relations avec sa fille.

PREMIERE PARTIE.

MARIE de Rabutin, d'une famille aussi
distinguée par son esprit que par sa nais-
sance, cousine du célebre Bussi-Rabutin,
perdit son pere à l'âge de dix-huit mois, &
fut élevée par une mere & un oncle dont
elle étoit tendrement aimée. Elle reçut une
éducation supérieure à celle de son siecle :
des lectures vagues, une étude superficielle
de l'histoire, une légere connoissance des
langues, formoient le plan d'éducation le
plus parfait que l'on suivît en France : ce
plan suffisoit néanmoins au petit nombre qui
l'adoptoit ; le goût de dissipation & de frivolité ne s'opposoit pas aux succès d'une
méthode encore si imparfaite ; & le tourbillon du monde, qui ravit aujourd'hui le
temps, la réflexion, la santé, n'ôtoit point
aux femmes les momens qu'elles pouvoient
donner à leurs devoirs & à l'étude. On
voyoit se former dans les écoles domesti-
ques, des épouses, des meres ; & ce genre

de mérite n'excluoit pas les femmes de la
supériorité qu'elles sçurent obtenir dans plusieurs genres de littérature.

Marie de Rabutin eut besoin des ressour-
ces qu'assure la culture de l'esprit, pour sup-
porter les peines qu'elle éprouva dans son
mariage avec le Marquis de Sevigné, issu
d'un sang illustre dans la Province de Bretagne. Après avoir gémi de plusieurs infidé-
lités, que ne purent empêcher ni les graces
de la figure, ni la sensibilité du cœur, ni les
égards dûs aux vertus les plus aimables;
Madame de Sevigné se vit bientôt réduite à
verser des larmes sur le tombeau de son
époux, qui périt dans un combat singulier
avant la fin de son sixieme lustre.

Je vois cette épouse infortunée, veuve
avec deux enfans, dans sa vingt-cinquieme
année, se former un plan de vie dont elle
ne s'écarta jamais, & qui fit son bonheur
& sa gloire. D'excellens principes de Religion furent la base de sa conduite : personne ne sçut mieux qu'elle, y recourir dans
tous les événemens de sa vie, & en tirer sa
consolation dans les revers; mais en con-
fiant à l'Être suprême le succès de ses entre-
prises, elle n'omettoit rien de ce qui pou-

voit les faire réuffir. Aidée des confeils de l'Abbé de Coulanges fon oncle, elle mit le plus grand ordre dans l'adminiftration de fes biens; elle y apporta cette jufte attention qui eft également éloignée d'une application inquiete & d'une légereté dangereufe : elle s'en occupoit, elle y facrifioit fon plaifir, ou plutôt elle le trouvoit dans l'accompliffe-ment de fes devoirs : elle faifoit de longs féjours dans fes terres, pour revenir à Paris libre d'affaires & de créanciers. Sa fage économie ne l'éloignoit pas de la dépenfe qu'exigeoit fon état : fon goût étoit hono-rable; elle repréfentoit avec dignité; elle ne condamnoit que la négligence, la prodi-galité, & les fantaifies ruineufes.

Après avoir établi dans fa maifon la régle & l'économie, qui ont tant d'influence fur le bonheur, Madame de Sevigné donna fes foins à l'éducation de fes enfans & à leur établiffement. Ils reçurent d'elle tous les fecours qui pouvoient feconder un naturel heureux; ils entrerent & parurent avec dif-tinction dans le monde : le Marquis de Sevigné, l'un des hommes le plus aimable & le plus recherché de la Capitale, fut égale-ment diftingué par fon mérite militaire. Ma-

demoifelle de Sevigné parut avec éclat à la
Cour de Louis XIV, où fa mere la préfenta
avant d'être mariée : fon efprit, fa beauté,
fes charmes furent célébrés par les Poëtes
les plus fameux de la nation. La mere & la
fille s'attirerent des hommages, autant par
leurs agrémens que par leur vertu. Eh ! quel
objet plus touchant qu'une mere aimable,
jeune encore, qui ne vit, ne refpire que
pour fa famille, qui voit avec complaifance
une fille charmante prête à la remplacer,
& qui ne fonge qu'à la faire valoir ? Oh
qu'une bonne mere eft intéreffante, & qu'il
eft doux d'oppofer un pareil tableau à celui
qu'on nous a donné dans la Comédie de la
Mere jaloufe !

Madame de Sevigné fe conduifit, pour
l'établiffement de fes enfans, d'après les
principes qui l'avoient toujours animée,
c'eft-à-dire, par des vues juftes, une ambition noble, mais modérée, & des facrifices
proportionnés à fa fortune. Elle acheta pour
fon fils un emploi confidérable ; elle maria
fa fille au Marquis de Grignan, Lieutenant-
Général, homme de qualité, d'un âge mûr,
& jouiffant d'une réputation bien méritée.
Ce mariage fembloit devoir fixer Madame

de Grignan à la Cour, & c'étoit bien l'ef-
poir de Madame de Sevigné ; mais cette
fille, si tendrement chérie, fut fixée en Provence, où son mari fut nommé Comman-
dant ; & cet éloignement qui fit la défola-
tion de Madame de Sevigné, fut la caufe
de fa célébrité ; puifque nous lui devons
cette correfpondance où l'on trouve des
narrations piquantes, des réflexions fines &
judicieufes fur les événemens du temps, des
détails charmans de fa vie privée, & fur-tout
une inépuifable effufion de tendreffe pour
fes amis & pour fa fille.

Les Lettres de Madame de Sevigné font
un tableau fimple & vrai, dont l'expreffion
fe prolonge, & dure une partie de la vie
des acteurs qui y font repréfentés. On croit
vivre au milieu des gens célebres & des amis
eftimables à qui elle étoit fi chere ; on partage les tendres foins qu'elle leur rend ; on
partage fes empreffemens pour M. de la
Rochefoucault, pour Madame de la Fayette;
on eft préfent à leurs foirées, à leurs con-
verfations ; on s'alarme pour leurs fantés,
on eft pénétré de leur trifte féparation ;
combien on révere une telle amitié !
combien on envie les peines qu'elle caufe !

On voit agir d'Haqueville ; on forme des
vœux pour le fuccès de fes foins ; on eftime
véritablement ce perfonnage fingulier : il
peut fe rencontrer dans la fociété quelques-
uns de fes traits ; mais où trouve-t-on un ami
infatigable , qui réuniffe une parfaite intelligence avec une bonne volonté univerfelle ?

Quelles réflexions ne fait-on pas fur M. &
Madame de Coulanges ! ce couple charmant qui joignoit aux graces de l'efprit les
qualités les plus defirables dans les amis ! Ils
font l'objet des empreffemens de toute la
Cour , où leur efprit, comme dit Madame
de Sevigné , leur tient lieu de dignité. On
voit M. de Coulanges parvenir à toute la
célébrité d'un homme infiniment aimable ;
mais il avoit un autre but , il couroit la
carriere des places & de la fortune , & ne
put jamais rien obtenir.

Madame de Coulanges reffentit vivement
dans un âge avancé la perte de fa fanté &
de fes charmes. Les empreffemens de la
fociété ne l'en dédommagerent pas ; ils fem-
bloient au contraire augmenter fon chagrin.
Privée des feuls dédommagemens qu'elle
auroit defirés , elle éprouva qu'une vie toute
frivole aiéné bien des amertumes ; & que

ſi une femme eſt dans le cas d'en gémir pour elle-même, elle eſt bien plus forcée encore de la déplorer, quand cette frivolité eſt ſuivie du malheur & de l'inutilité de ſon mari.

Buſſi-Rabutin, ce célebre infortuné, fut auſſi au nombre des amis de Madame de Sevigné ; mais elle eut toujours plus d'amitié que de confiance, & plus de commiſération que d'épanchemens pour cet homme ſingulier, qui ſe crut Courtiſan, Ecrivain, homme d'Etat, & dont il ſeroit aſſez difficile d'apprécier le véritable mérite.

Un autre infortuné plus célebre encore, eut la plus grande part à l'amitié de Madame de Sevigné, dont l'eſprit, entraîné par le cœur, put bien ſe faire illuſion. Le Cardinal de Retz quitte le monde ſur la fin d'une vie brillante & orageuſe : l'éclat de cette retraite donne lieu à différentes interprétations. Madame de Sevigné n'en voit pas d'autres cauſes que le courage de la vertu. Son admiration pour cet ancien factieux, qui, emporté par une haine implacable contre Mazarin, étoit devenu rebelle à ſon Souverain légitime ; l'attachement, le zele officieux & déſintéreſſé de ſa reſpectable amie redoublent dès qu'il va ſe ſéparer d'elle. Rien n'eſt ſi touchant que ſes regrets ; elle s'abandonne à toute la tendreſſe, elle dit même à toute la foibleſſe de ſon cœur. Le Cardinal lui témoignoit la plus ſincere amitié : il chériſſoit ſa fille & l'admiroit ; il paroiſſoit s'élever à un point de courage & de vertu qui tenoit de l'héroïſme. Le moyen de réſiſter à tant de mérite, de malheur & d'amitié !

C'étoit toujours, ou des relations anciennes, ou l'eſtime, ou le goût qui régloient le choix des amis de Madame de Sevigné ; aucune vue d'ambition n'y entroit. Elle ſe lioit volontiers avec des malheureux ; mais elle vouloit aimer ou eſtimer ceux avec qui elle avoit à vivre. « Je ne ſuis pas entêtée » de M. de Lavardin, écrivoit-elle ; je le vois » tel qu'il eſt ; ſes plaiſanteries & ſes manieres ne me charment pas ; enfin je ſou- » haiterai plus de charmes à ceux que j'ai- » merai ; mais je me contenterai qu'ils aient » autant de vertu ».

Cette ſimplicité de mœurs, cette facilité de caractere ſeront toujours d'un prix ineſtimable aux yeux de quiconque ſçait apprécier les vertus. Mais il eſt un mérite plus grand encore, celui de ſacrifier ſon goût à ſes devoirs, de ſe familiariſer ſi bien avec

les décences de fon état, qu'on y trouve
fon bonheur, & qu'on ne connoiffe pas
d'autre exiftence. Voilà le véritable héroïf-
me moral ; & la vie de Madame de Sevigné
nous en fournit fans ceffe des exemples.
Chargée de la vieilleffe de l'Abbé de Coulanges, qui lui avoit légué tous fes biens,
& qui avoit ajouté à fes largeffes, une affection plus touchante que les bienfaits, elle
fçut faire le bonheur de cet oncle chéri,
n'être point malheureufe avec lui, & ne
reffentir ni gêne ni ennui des devoirs aux-
quels elle s'étoit affujettie.

Une tante à qui elle doit toutes fortes
d'égards, tombe malade au moment où elle
alloit pour la premiere fois trouver fa fille
en Provence : qu'on juge du chagrin que
ce contre-temps doit lui caufer ; elle eft
néceffaire à fa tante ; fa fille peut fe paffer
d'elle : entre deux facrifices tous deux chers
à fon cœur, elle fait celui qui lui coûte
davantage, parce que fon devoir le lui
dicte ; & ne part qu'après la mort de fa
tante.

Un frere de M. de Grignan, tourmenté
par les douleurs aiguës de la goutte, trouve
dans Madame de Sevigné les confolations

les

les plus tendres, & les foins les plus affidus.
C'eft un homme de mérite ; mais fon humeur eft difficile , fes fouffrances l'aigriffent
encore. Madame de Sevigné , gagnant fa
confiance & fon amitié , parvient à tempé-
rer fon humeur , & à adoucir fes maux.

Mais ne croyons pas que le bonheur de
bien vivre avec les autres, fût pour elle le
prix d'une complaifance aveugle , & que la
douceur ne puiffe fe concilier avec la fermeté. Non, pour attirer les cœurs il n'eft
pas néceffaire d'être foible. Madame de
Sevigné avoit fa façon de penfer, fes goûts,
fa fingularité peut-être ; car ce mot ne doit
pas toujours être mal interprété : elle ne fe
mettoit pas à la difcrétion de quiconque
vouloit la fubjuguer. Nous voyons une def-
cription du plan de vie qu'elle s'étoit formé ,
& du ton aifé qu'elle avoit pris avec les
importuns. « Il y a trois jours que cette
» femme eft ici (à fa terre des Rochers;)
» je commence à m'y accoutumer : mais
» j'efpere que, n'étant pas affez habile pour
» être charmée de la liberté que je prends
» de la quitter, d'aller voir mes ouvriers ,
» d'écrire, de faire tout ce qui me plaît ,
» elle s'en trouvera offenfée. Ainfi je me

C

» ménage les délices d'un adieu charmant,
» qu'il eſt impoſſible d'avoir quand on perd
» une bonne compagnie ».

Auſſi éloignée de cette perfide indulgence
qui approuve les foibleſſes, que de cette
politeſſe timide qui diſſimule les ridicules,
Madame de Sevigné excelloit à corriger
l'une & l'autre. Rien n'échappoit, je ne dis
pas à ſa cenſure, mais au zele intrépide de
ſon amitié ; les petits travers de ſes amis,
leurs torts même étoient relevés ſans déguiſe-
ment; ſa fille, qu'elle aimoit ſi éperdue-
ment, & dont elle adoroit les grandes qualités, recevoit ſouvent des leçons ingénieuſes.
« Que fait votre pareſſe pendant tout ce
» tracas ? elle vous attend dans quelques
» momens perdus pour vous faire ſouvenir
» d'elle, & vous dire un mot en paſſant.
» Songez, vous dit-elle, que je ſuis votre
» plus ancienne amie, la fidelle compagne
» de vos beaux jours ; que c'eſt moi qui
» vous conſolois de tous les plaiſirs ; qui
» même, quelquefois, vous les faiſois haïr :
» ſouvent votre mere troubloit nos plaiſirs ;
» mais je ſçavois bien où vous reprendre.
» Il me ſemble que vous lui répondez un
» petit mot d'amitié; vous lui donnez quel-

» que efpérance de vous poffeder à Gri-
» gnan : mais vous paffez vîte, & vous
» n'avez pas le loifir d'en dire davan-
» tage ».

Quel afcendant n'avoit-elle pas fur le
Marquis de Sevigné fon fils ! Au milieu des
égaremens d'une jeuneffe déréglée, il venoit
fe jetter dans fes bras, & choififfoit pour
confidente, cette mere, dont la conduite &
les fentimens condamnoient hautement les
fiens. Elle connoiffoit fon cœur mieux que
lui-même; elle fçut le ramener à la vertu. Si
M. de Sevigné ne parvint pas à une fortune
brillante, pour laquelle il fembloit né, &
dont il s'éloigna par apathie plutôt que par
raifon ; il fit du moins un mariage heureux :
il vieillit dans la pratique de tous fes devoirs : & cette efpece de bonheur vaut bien
les jouiffances de l'ambition.

Faut-il être furpris que Madame de
Sevigné ait triomphé des foibleffes & des
paffions de fon fils ? Elle n'avoit pas befoin
d'être mere pour exercer cet empire de la
perfuafion. Ses lettres, ainfi que fes conver-
fations, étoient remplies du fel le plus ingénieux. Si fa franchife, toute honnête qu'elle
étoit, aliénoit quelques efprits, elle ne cef-

soit pas d'être franche ; mais elle réparoit
par sa douceur le tort que lui faisoit sa sin-
cérité. Son cœur, inaccessible à la haine &
au dépit, s'ouvroit aux impressions de l'indulgence & de l'amitié. « Ne nous char-
» geons pas d'une haine à soutenir, man-
» doit-elle à Madame de Grignan, c'est un
» pesant fardeau ; éteignons nos ressenti-
» mens , & prévenons ceux des autres.
» Admirez Madame de la Fayette , elle
» vient à bout de tout ; rien ne s'oppose à
» elle ; ses enfans ressentent tous les jours
» le bonheur que leur procure son esprit
» conciliant ».

Un cœur si équitable & si prévenant en
société, si droit & si tendre pour ses amis,
étoit-il propre à nourrir des soupçons con-
tr'eux ? Non, elle sçavoit les justifier contre
les plus fortes apparences ; & sa sagacité,
d'accord avec son penchant, la rendoit en
ce point plus clair-voyante que personne.
Quel trait est plus frappant que celui du
Duc de Chaulnes ? & combien ne dût-elle
pas s'applaudir d'avoir suspendu son jugement contre ce véritable ami, que des apparences trompeuses sembloient rendre coupa-
ble, & qui cependant n'avoit pas trahi l'amitié !

La tendreffe qui l'uniffoit avec ce Duc &
la Ducheffe fon époufe, faifoit les délices
de Madame de Sevigné, pendant fon féjour
en Bretagne; & le charme qu'elle répandoit par-tout, leur rendoit fa préfence infiniment chere. Rien de plus agréable, & en
même temps de plus propre à dépeindre la
liberté douce qui régnoit entr'eux, que le
récit qu'elle fait à fa fille, d'une vifite de
la Ducheffe : « Jeudi dernier, Madame de
» Chaulnes entra dans ma chambre, avec
» trois de fes amies, difant qu'elle ne pou-
» voit être plus long-temps fans me voir,
» & que la Bretagne lui pefoit fur les épau-
» les. Elle fe jette fur mon lit; on fe met
» autour d'elle; en un moment la voilà
» endormie de pure fatigue. Nous caufons
» toujours; elle fe réveille enfin, trouvant
» plaifante & adorant l'aimable liberté des
» Rochers : nous allons nous promener;
» nous nous affeyons au fond d'un bois : je
» lui fais raconter Rome & les aventures de
» fon mariage; puis voilà une pluie traî-
» treffe qui fe met à nous noyer; nous
» voilà toutes à courir; on crie, on gliffe,
» on tombe; on arrive; grand feu, on
» change de hardes, je fournis à tout :

» voilà comme fut traitée la Gouvernante
» de Bretagne, dans son propre Gouverne-
» ment : puis cette pauvre femme s'en
» retourna, plus fâchée sans doute du rôle
» ennuyeux qu'elle alloit reprendre, que
» de l'affront qu'elle avoit reçu ici ».

On voit que Madame de Sevigné se con-
soloit par les plaisirs de l'esprit, de la solitude de la campagne. « J'ai apporté ici,
» écrit-elle à sa fille, quantité de livres
» choisis; on ne met pas la main sur un,
» tel qu'il soit, qu'on n'ait envie de le lire
» tout entier. J'ai toute une tablette de dévo-
» tion. Eh, quelle dévotion ! quel point de
» vûe pour honorer notre Religion ! L'au-
» tre est toute d'histoires admirables; l'autre
» de poésies, & de nouvelles & de mémoi-
» res. Quand j'entre dans ce cabinet, je
» ne comprends pas pourquoi j'en sors; il
» seroit digne de vous, ma fille.

» Quand je suis seule ici, je fais mes
» affaires; je lis, j'écris, je me promene.
» Quand j'ai compagnie, je travaille ». Elle
avoit dit précédemment : « Hélene ne vient
» pas avec moi, Marie me sert assez mal;
» mais ne soyez pas en peine de moi. Je
» vais essayer de n'être pas servie si fort à

» ma mode , & d'être dans la folitude. J'ai-
» merai à connoître la docilité de mon
» efprit , & je fuivrai les exemples de cou-
» rage & de raifon que vous me donnez.
» Ce feroit une belle chofe, que je ne
» fçuffe vivre qu'avec les gens qui me font
» agréables ! Je m'occuperai à payer mes
» dettes, à manger mes provifions ; je pen-
» ferai beaucoup à vous ; je lirai, j'écrirai,
» je marcherai, je travaillerai, je recevrai
» de vos lettres. Hélas , la vie ne fe paffe
» que trop ! On refpire par-tout ».

Elle fait en mille endroits des récits inté-
reffans de fes promenades champêtres. Livry,
les Rochers , bois agréables , folitudes char-
mantes , quel plaifir elle goûtoit en vous
parcourant ! Vous lui rappelliez fa fille , fes
amis. Elle vous cherchoit par befoin de fe
les repréfenter ; vous étiez dépofitaires de
fes regrets, de fes larmes , de ces émotions
fi cheres à fon cœur ; vous lui rendiez quelquefois fon enjouement ; fes penfées les plus
agréables font forties fouvent du fond de
vos déferts ; enfin vous lui préfentiez fon
ame, fon cœur ; & cet afpect étoit doux
pour elle. Qu'il eft aifé d'être heureux avec
des mœurs fimples , & qu'il eft doux de

trouver fon bonheur dans l'amour de fes devoirs, dans l'étude, dans le travail! Sexe aimable, qui paffez votre vie dans une dif-fipation, qu'on appelle le plaifir, & qui émouffez votre fenfibilité en épuifant tous les amufemens frivoles; ignorez-vous qu'il eft une joie douce & recueillie, qui fatisfait toujours l'ame & ne la dégoûte jamais, la joie de s'eftimer foi-même? Ah fi jamais vous vous renfermiez dans un cercle de diftractions futiles ou d'opinions bizarres, vous perdriez vos plus beaux droits, & votre empire feroit détruit. Afpirez au beau privilége de fixer à la fois les mœurs, les ufages, les goûts; mais fuyez, fuyez ces opinions bizarres, cet efprit de fyftême, cette chaleur de parti, qui, en vous plaçant hors de votre fphere, vous tranfporte dans un tourbillon où vous ne pouvez démêler l'erreur, & où la vérité même a un air farrouche qui épouvante les graces.

En louant Madame de Sevigné, il m'eft permis, fans doute, de la propofer pour modéle aux femmes qui veulent cultiver leur efprit. Elle aima la littérature; mais elle fe borna aux écrits qu'elle pouvoit apprécier. Elle fe paffionna pour les chefs-d'œuvres de fon fiecle ; mais fon admiration ne fut jamais aux ordres d'aucun parti ; tous les événemens de fon temps, le mérite des gens en place, celui des ouvrages nouveaux, enfin tout ce qui attiroit l'attention publique, étoit jugé dans fes lettres : mais quelle prudence, quelle défiance de fes lumières, dans les jugemens quelle porte ! Eh, qu'aviez - vous à craindre, femme illuftre ? La poftérité a confacré prefque tous vos jugemens ; & ce n'eft pas dans des écrits faits à loifir, ni dans des differtations méditées, que l'on trouve ces traits précieux de goût & de difcernement que l'on admire en vous ; c'eft dans des lettres écrites du premier trait de plume, & qui n'étoient jamais ni étudiées ni relues ; dans des narrations où l'efprit, l'imagination, la plume avoient le plus libre effor, & n'étoient interrompus que par les élans d'un cœur tendre, ou par les regrets amers que lui caufoit l'abfence de fa fille. Il eft bien temps de réunir dans cet éloge, ces deux cœurs trop long - temps féparés ; & le nom feul de Madame de Grignan, m'indique de nouveaux rapports & de nouveaux titres de gloire pour Madame de Sevigné.

D

SECONDE PARTIE.

S'il eſt un genre d'écrire où le travail &
l'art puiſſent gâter la nature ; & s'il en eſt
un dont le ſtyle ſoit plus imparfait à meſure
qu'il eſt plus recherché, c'eſt le genre épiſ-
tolaire. Les plus grands Auteurs ne fourniſ-
ſent, en ce point, que de foibles modeles ;
l'habitude d'écrire pour la poſtérité, donne
aux choſes les plus ſimples un air étudié
qui les dépare. On admire tout ce qui ſort
de la plume de ces hommes célebres ; mais
on voudroit trouver l'éloquence ailleurs que
dans leurs lettres. Je vois briller dans Voiture
l'eſprit & la délicateſſe ; mais je regrette
ces naïvetés heureuſes qui exciteroient mon
admiration ſans l'avertir ; je ne lui pardonne
pas tous les efforts qu'il fait pour écrire avec
tant d'harmonie ; il auroit bien pu m'inté-
reſſer ſans tourmenter ſon ſtyle.

Je trouve Flechier toujours Orateur, juſ-
ques dans ſes lettres les plus familieres ; &
je me dégoûte auſſi-tôt d'un Ecrivain qui
me parle avec tant d'apprêt. Je vois dans
les Lettres de Racine, de la grace, de la
délicateſſe, de l'enjouement. L'inimitable

la Fontaine enrichit encore tous ſes dons ,
par une naïveté qui lui eſt propre ; mais il
ſemble néanmoins , que ni l'un ni l'autre
n'ait trouvé la perfection du ſtyle épiſto-
laire. Ils avoient trop l'habitude d'être Auteurs dans un genre où il ne faut jamais le
paroître.

Il étoit réſervé à Madame de Sevigné de
créer un ſtyle ignoré juſqu'à elle , & de nous
montrer de nouvelles graces , plus piquantes
que les autres , & preſque inimitables. Une
autre femme a obtenu de la célébrité dans
la même carriere ; c'eſt Madame de Mainte-
non. Tout ce qu'on peut raſſembler d'eſprit , de juſteſſe , de délicateſſe , de con-
noiſſance du monde , eſt répandu dans ſes
Lettres ; mais le rang qu'elle occupoit à la
Cour de Louis XIV , la rendoit circonſpecte ,
réſervée , méfiante ; mais elle écrivoit ,
comme on l'a obſervé avant moi , ſous les
yeux de la poſtérité ; mais l'amertume dont
ſon cœur étoit inondé au milieu de la Cour
& des honneurs , faiſoit fuir l'enjouement
& les graces. Il falloit une liberté douce ,
une vie tranquille , un eſprit calme ; il falloit enfin le naturel heureux & la poſition
ſinguliere de Madame de Sevigné , pour

mettre dans un auffi beau jour cette imagination brillante & enjouée. Il falloit un objet d'affection tel que Madame de Grignan,
pour produire ces élans du cœur, ces ex-
preffions de tendreffe, fi fortes & fi touchantes ; cet aimable abandon enfin, qui
fait le charme le plus puiffant de fes Lettres.

Qu'on juge du peu d'importance qu'elle
y attachoit, par cet aimable reproche
qu'elle fait à fa fille : « Quand je vous
» écris des Lettres courtes, vous croyez
» que je fuis malade ; quand je vous en
» écris de longues, vous craignez que je
» ne le devienne ; tranquillifez-vous. Quand
» je commence une Lettre, j'ignore fi elle
» fera longue ou courte ; j'écris tout ce qui
» plaît & tant qu'il plaît à mon efprit & à
» ma plume ; il m'eft impoffible d'avoir
» d'autre regle ; & je m'en trouve bien ».

C'eft à cette aimable indépendance que
nous devons tant de traits précieux dans
tous les genres ; c'eft cette plume légere &
vagabonde, qui a produit des badinages fi
ingénieux, des traits d'éloquence fi fubli-
mes, des maximes de morale fi excel-
lentes.

Ici, je rougirois de louer Madame de

Sevigné par des liens communs, qui de-
viennent cependant des hommages mérités.
Quand on parle de cette femme célebre, ce
n'est pas au Panégyriste à exprimer son
admiration par des hyperboles exagérées ; il
lui suffit de raconter ses jouissances, & d'in-
diquer tour à tour les divers tableaux qui
l'ont frappé.

Quel abandon, quel enjouement dans ce
badinage, d'autant plus piquant qu'il paroît
d'abord, sérieux & presque tragique ! « J'a-
» vois envie de réduire à moitié les Lettres
» que j'écris à d'Hacqueville, afin de n'a-
» voir qu'une médiocre part à l'assassinat
» que nous commettons tous en l'accablant
» de nos affaires ; mais il me mande que
» cela ne suffira pas à son amitié. Puisque
» le régime que je lui avois prescrit ne lui
» convient pas, je lâche la bride à toutes
» ses bontés, & lui rends la liberté de son
» écritoire ; si ce n'est moi qui le tue, ce
» fera un autre ».

Eh, qui n'est agréablement touché de ce
mêlange d'indulgence & d'ironie qu'emploie
Madame de Sevigné, pour peindre à sa fille
le détail de ses journées en Bretagne ! Jamais
la Philosophie n'a sçu mieux allier la finesse

qui faifit les ridicules, avec cette raifon
faine qui excufe les travers en faveur de la
bonhommie. « Je reçus hier toute la Bre-
» tagne ; je fus enfuite à la Comédie ; c'étoit
» Andromaque, qui me fit pleurer plus de
» fix larmes ; c'étoit affez pour une Troupe
» de campagne. Le foir on foupa, & puis
» le Bal : au refte, ne croyez pas que votre
» fanté ne foit pas bue ; cette obligation
» n'eft pas grande ; mais telle qu'elle eft,
» vous l'avez tous les jours à toute la Bre-
» tagne. Quarante Gentilshommes avoient
» dîné enfemble, & avoient bu enfemble
» quarante fantés ; nous dînons à part :
» ceux-ci me parlent de vous ; & nous rions
» un peu de notre prochain. Il eft plaifant
» ici le prochain, fur-tout quand on a
» dîné ».

Une lecture qu'elle fait par hazard, vient
naturellement embellir fes récits ; & la morale qu'elle en tire s'applique de même à
tout ce quelle veut dire. » Je pourfuis cette
» lecture de Nicole, que je trouve déli-
» cieufe ; elle ne m'a encore donné aucune
» leçon contre la pluie ; mais j'en attends,
» car j'y trouve tout, & le temps eft épou-
» vantable. Cependant la conformité à la

» volonté de Dieu pourroit feule me fuffire,
» fi je ne voulois un remede fpécifique ».

Son imagination toujours brillante dans
les fujets les plus arides, prend un nouvel
éclat lorfque l'objet de fes defcriptions eft
fufceptible de la richeffe de fes couleurs.
Elle a déployé tout fon talent pour cette
poéfie defcriptive, en peignant cette même
Ville, où nous nous nous difputons aujour-
d'hui l'honneur de la célébrer elle-même.
« Je fuis ravie de la beauté de Marfeille;
» & l'endroit d'où je découvris la Mer, les
» Baftides, les montagnes, eft une chofe
» étonnante. Une foule de Chevaliers vin-
» rent voir M. de Grignan : des noms con-
» nus, des avanturiers, des épées, des
» chapeaux du bel air, une idée de guerre,
» de Romans, d'embarquement, d'aventu-
» res, de chaînes, de fers, d'efclaves, de
» fervitude, de captivité : moi qui aime les
» Romans, je fuis tranfportée; il y a cent
» mille ames au moins : de vous dire com-
» bien il y en a de belles, c'eft ce que je
» n'ai pas le loifir de compter ».

On aime à mettre en oppofition avec ce
charmant tableau, la peinture qu'elle fait,
dans le même genre, de cette noce brillante

de Mademoiſelle de Louvois, où l'on découvre un but moral, ſi bien indiqué, & cependant à peine apperçu par le commun des lecteurs; je veux dire de l'empreſſement de la baſſeſſe, qui prodigue les hommages au crédit. « J'ai été à cette noce, de Made-
» moiſelle de Louvois; que vous dirai-je?
» Magnificence, illuminations, toute la
» France, habits rebattus & rebrochés d'or,
» pierreries, braſiers de feu & de fleurs,
» embarras de carroſſes, cris dans la rue,
» flambeaux allumés, reculemens & gens
» roués; enfin le tourbillon, la diſſipation,
» les demandes ſans réponſes, les compli-
» mens ſans ſçavoir ce qu'on dit; les civi-
» lités ſans ſçavoir à qui l'on parle; les
» pieds entortillés dans les queues : au mi-
» lieu de tout cela, il eſt ſorti quelques
» queſtions ſur votre ſanté : à quoi ne m'é-
» tant pas preſſée de répondre, ceux qui
» les faiſoient ſont demeurés dans l'igno-
» rance, & vraiſemblablement dans l'in-
» différence de ce qui en eſt. O vanité des
» vanités » !

Cette plume ſi légere, & cependant ſi profonde, ſous cette apparence de légereté, traçoit, avec la même ſimplicité, les événe-

mens les plus dignes de la haute éloquence.
Un homme, qui, au jugement de nos enne-
mis même, honoroit la nature humaine, eft
enlevé à la France; Turenne meurt la veille
d'un combat; & nous devons regretter à
jamais, que ce héros n'ait pas vécu vingt-
quatre heures de plus. La Cour eft confter-
née, le peuple verfe des larmes fur fon
tombeau, la nation choifit les plus illuftres
Orateurs pour interpretes de la douleur
publique, & les Temples retentiffent pendant plufieurs jours des éloges que la Patrie
& la Religion doivent a fa mémoire.

Immortels Orateurs du fiecle de Louis XIV,
je lis avec attendriffement les difcours que
vous avez confacrés à la gloire de Turenne,
j'applaudis à vos fuccès, & je fuis loin de
vous refufer l'admiration que vous doivent
tous les âges. Mais peut-être n'avez-vous
pas affez approfondi le caractere de cet
homme, qui fut fi grand par fa vertu; peut-
être l'apprêt de vos louanges diminue l'intérêt que je goûterois dans un plus fimple
récit; peut-être l'art dépare trop des Éloges
que l'effufion du cœur pouvoit feule élever
à la hauteur d'un fi beau fujet. Qu'il me
foit permis, fans oublier vos chefs-d'œuvres,

d'avouer que Madame de Sevigné vous a pour le moins égalé. Quel Orateur écrivit jamais rien de plus éloquent & de plus fublime? « La nouvelle de la mort de » M. de Turenne arriva Lundi à Verfail- » les; le Roi en a été affligé, comme on » doit l'être de la perte du plus grand Capi- » taine, & du plus honnête homme du » monde : toute la Cour en fut en larmes; » on étoit prêt d'aller fe divertir à Fontaine- » bleau; tout a été rompu. Jamais homme » n'a été regretté fi fincerement.... Tout » Paris & tout le peuple étoit dans le trou- » ble & dans l'émotion; chacun parloit, » s'attroupoit pour regretter ce Héros.... » Dès le moment de cette perte, M. de » Louvois propofa au Roi de le remplacer, » en faifant huit Généraux au lieu d'un.... » Jamais homme n'a été fi prêt d'être par- » fait; & plus on le connoiffoit, plus on » l'aimoit; & plus on le regrette.... Les » foldats pouffoient des cris qui s'enten- » doient de deux lieues. Ils crioient qu'on » les menât au combat; qu'ils vouloient » venger la mort de leur Général, de leur » pere, de leur protecteur; qu'avec lui ils » ne craignoient rien. Ils crioient qu'on les

» laiſſât faire , & qu'on les menât au com-
» bat.... Ne croyez pas que ſon ſouvenir
» ſoit jamais effacé dans ce pays-ci; ce fleuve
» qui entraîne tout, n'entraînera pas une
» telle mémoire ».

J'aime à copier ces traits échappés à
Madame de Sevigné , dans la plénitude de
ſon affection; c'eſt la plus belle maniere de
la louer. Mais ſi les Orateurs doivent envier
la ſimplicité touchante d'un pareil récit;
quel Poëte dramatique ne ſera jaloux de
cette ſcene ſi pathétique, décrite par Madame
de Sevigné, pour annoncer à ſa fille la
mort de M. de Longueville ? Tous les ſecrets
de l'art ſont devinés par la nature , & le
ſentiment y déploie ſa ſublimité. « Made-
» moiſelle de Vertus étoit retournée à Port-
» Royal : on eſt allé la chercher avec
» M. Arnaud , pour dire cette terrible nou-
» velle à Madame de Longueville. Made-
» moiſelle de Vertus n'avoit qu'à ſe mon-
» trer; ce retour précipité marquoit bien
» quelque choſe de funeſte. En effet, dès
» qu'elle parut, Ah ! Mademoiſelle, com-
» ment ſe porte mon frere ? Sa penſée
» n'oſa aller plus loin. Madame, il ſe porte
» bien de ſa bleſſure, il y a eu un combat :

» & mon fils ? On ne lui répondit rien.
» Ah ! Mademoiſelle, mon fils, mon cher
» enfant ! répondez-moi, eſt-il mort ? Ma-
» dame, je n'ai point de parole pour
» vous répondre. Ah ! mon cher fils ! eſt-il
» mort ſur le champ ? N'a-t-il pas eu un
» ſeul moment ? Ah mon Dieu, quel ſacri-
» fice ; & tout ce que la plus vive douleur
» peut faire, & par des convulſions, &
» par des évanouiſſemens, & par un ſi-
» lence mortel, & par des cris étouffés, &
» par des larmes ameres, & par des élans
» vers le Ciel, & par des plaintes tendres
» & pitoyables ; elle a tout éprouvé ».
Cette mere qui demande, au premier bruit
d'un combat, des nouvelles de ſon frere,
& dont la penſée n'oſe aller plus loin ;
cette mere tendre, qui craint de s'informer
auſſi-tôt de ſon fils, dont la conſervation
lui eſt plus précieuſe que celle de ſon propre frere, laiſſe bien loin, dans ce mor-
ceau, Andromaque & Clytemneſtre, &
toutes ces meres ſenſibles, dont le ſeul nom
fait tant d'honneur au cœur humain.

Tous les ſentimens du cœur de Madame
de Sevigné étoient peints dans ſes Lettres ;
cette ame, où les grandes choſes s'impri-

moient fi fortement, & où l'expreffion
répondoit à l'image ; cette ame étoit pleine
de fermeté pour foutenir les maux. Quelle
tranquillité au milieu des douleurs ! Quelle
facilité à en parler, à en badiner même !
« J'ai commencé aujourd'hui la douche,
» c'eft une bonne répétition du purgatoire.
» On eft toute nue dans un petit lieu fou-
» terrain ; derriere un rideau fe met quel-
» qu'un qui vous foutient le courage pen-
» dant une demi-heure. C'étoit pour moi
» un Médecin de Ganet qui a de l'efprit
» & qui connoît le monde ; il me parloit
» donc pendant que j'étois au fupplice.
» Repréfentez-vous un jet d'eau bouillante
» contre quelqu'une des parties du corps ;
» on met d'abord l'alarme par-tout, pour
» mettre en mouvement tous les efprits ;
» puis on s'attache aux jointures qui ont
» été affligées ; mais quand on vient à la
» nuque du col, c'eft une forte de feu &
» de fupplice qui ne peut fe comprendre ;
» c'eft-là cependant le nœud de l'affaire ;
» & l'on fouffre tout, & l'on n'eft pas
» brûlé. Enfin je ferai cette vie pendant
» fept ou huit jours ; c'eft principalement
» pour finir cet adieu que l'on m'a envoyée

» ici, & je trouve qu'il y a de la raison : je
» vais renouveller un bail de vie & de santé ;
» vous pourrez encore m'appeller votre
» *bellissima madre* ».

Vous appeller belle ? Ah mere incom-
parable ! c'étoit la moindre de vos préro-
gatives. La bonté, l'indulgence, la douceur, tous les charmes d'une vertu géné-
reuse se découvrent dans vos Lettres. « Vous
» sçavez que je ne puis souffrir que les vieil-
» les gens disent, je suis trop vieux pour
» me corriger ; je pardonnerois plutôt aux
» jeunes gens de dire, je suis trop jeune :
» la jeunesse est si aimable, qu'il faudroit
» l'adorer, si l'ame & l'esprit étoient aussi
» parfaits que le corps. Mais quand on
» n'est plus jeune, c'est alors qu'il faut se
» corriger, & regagner par les bonnes qua-
» lités ce qu'on perd du côté des agréables ».

Ses Lettres présentent mille pensées déta-
chées, mille maximes dignes de la Rochefoucault & de la Bruyere. « On aime tant
» à parler de soi, qu'on ne se lasse pas des
» tête-à-tête pendant des années entieres
» avec un amant ; & voilà pourquoi les
» dévotes aiment à être avec leur Confes-
» seur ; c'est pour le plaisir de parler de soi,

» quand on devroit en dire du mal ».

Dans un autre endroit : « Vous avez trop
» d'esprit pour ne pas voir que les citations
» font quelquefois agréables & néceffaires ;
» je crois qu'il n'y a rien qu'il faille bannir
» entierement de la converfation ; le juge-
» ment & les occafions doivent y faire en-
» trer tour à tour ce qui eft le plus à pro-
» pos ». Perfonne ne fçavoit mieux qu'elle
orner de traits agréables ce qu'elle difoit ou
ce qu'elle écrivoit ; un paffage de la Fable,
un vers de Comédie viennent fe placer à
chaque inftant fous fa plume ; fon érudition,
qui étoit bien loin de la pédanterie, lui faifoit trouver fans ceffe des allufions plaifantes.
« Bien des gens, écrit-elle à fa fille, en
» voyant l'Opéra de Proferpine, ont penfé
» à vous & à moi : je ne vous l'ai pas dit,
» parce qu'en me faifant Cérès & vous
» Proferpine, tout auffi-tôt voilà M. de
» Grignan devenu Pluton ; & j'ai eu peur
» qu'il ne me faffe répondre vingt mille
» fois par fon chœur de mufique : Une
» mere vaut-elle un époux ? C'eft cela que
» j'ai voulu éviter ; car pour le vers qui eft
» devant celui-là, *Pluton aime mieux que*
» *Cérès*, je n'en euffe pas été embarraffée ».

Le mérite de Madame de Sevigné étoit presque univerfel. Tout ce qui venoit de cette femme célebre portoit l'empreinte de fon efprit : Une imagination vive , brillante , fage , des connoiffances étendues , un difcernement jufte , un goût exquis , tout ce qu'on peut defirer d'aimable & d'eftimable eft raffemblé dans fes Écrits. On pourroit m'objecter quelques erreurs de goût , dans lefquelles cette femme célebre eft tombée. Peut-être donna-t-elle à Corneille une préférence trop marquée fur Racine ; elle crut voir dans la poftérité la même prédilection , & n'admit pas même entr'eux l'égalité fondée fur un mérite d'un genre différent.

Il faut avouer qu'une ame inacceffible à l'amour , ne peut fentir qu'en partie les beautés de Racine : cette fineffe de galanterie , ce fublime des paffions , ce délire du cœur , toute cette magie de fentiment perd infiniment de fon prix , quand on a le bonheur ou le malheur de n'avoir jamais éprouvé le combat des paffions ; c'eft l'obftination d'un étranger , qui ne peut fentir le génie d'une langue différente de la fienne ; & Boileau, le grand Boileau lui-même n'eut-il pas befoin d'excufe dans fes jugemens ? Il

ne connut pas affez le mérite du Taffe, il
ne fentit pas les graces de Quinault : ces
erreurs de goût ne peuvent nuire ni au célé-
bre Satyrique, ni à l'admiratrice trop paf-
fiónnée de Corneille : laiffons donc à Madame de Sevigné toute fa gloire ; ne dimi-
nuons rien de nos hommages : admirons fon
efprit, encore plus fon cœur ; rien n'eft fi
fublime que fa tendreffe ; ce font des ex-
preffions mille fois répétées , toujours inté-
reffantes & toujours nouvelles ; c'eft une
éloquence intariffable. Que tout ce qui tient
au fentiment fait une douce & vive impref-
fion ! Que l'on y fent bien les charmes de
l'amitié ! On y voit cette ingénieufe &
active tendreffe, qui eft la vraie façon
d'aimer, parce qu'elle eft dépouillée de
l'amour de foi-même, & qu'elle ne s'occupe
que du bonheur des autres. N'appellons
vrais amis que ceux qui rapportant tout à
l'objet de leur affection, ne cherchent que
fon utilité & fon bonheur. Ce fentiment
conftant & animé les éclaire fur le véritable intérêt de ce qu'ils aiment, & leur fait
facrifier fouvent leurs goûts les plus chers :
ingénieux à chercher les moyens d'obliger,
ardens à les fuivre, fi la faculté leur man-

que, ils invitent, ils exhortent, ils follici-
tent ; & s'ils font condamnés à l'inaction,
quelle expreſſion ne donnent-ils pas à leurs
regrets, à leurs fouhaits ?

Voilà ceux qui font le bonheur de ce qu'ils
aiment ; & c'eſt ainſi qu'aimoit Madame de
Sevigné. « Je trouve, dit-elle, qu'il y a mille
» chofes à dire, mille conduites à tenir,
» pour empêcher que ceux que nous aimons
» n'en fentent le contre-coup. Je trouve
» qu'il y a une infinité de rencontres où
» nous les faifons fouffrir, & où nous pour-
» rions adoucir leurs peines, ſi nous avions
» autant de vues & de penfées qu'on doit
» en avoir pour tout ce qui tient au cœur ;
» enfin je ferois voir qu'il y a cent façons
» de témoigner fon amitié fans la dire, ou de
» dire par fes actions qu'on n'a pas d'amitié
» lorfque la bouche affure le contraire ».

Madame de Grignan parut d'abord ne pas
fentir tout le prix d'une pareille tendreffe.
Son cœur étoit conduit par fon efprit. Cette
façon d'aimer eſt infiniment précieufe quand
l'efprit eſt excellent : mais où trouve-t-on un
efprit qui foit toujours tel qu'il doit être ? Les
inquiétudes, la mauvaife fanté, mille autres
caufes y portent l'altération.

Madame de Sevigné admiroit dans fa fille
ce courage, cette étendue, cette juftelle
d'efprit qui fe joignoient à une fenfibilité
extrême; elle admiroit cette éloquence qui
exprimoit & peignoit fi bien fes idées, & ce
charme dans la figure & dans la taille qui la
rendoit un objet ravilfant : toutes ces qualités
brillantes tranfportoient Madame de Sevigné;
elle leur rendoit hommage ; & la différence
de caractere n'étoit pour la mere qu'un fujet
d'exalter fa fille : mais cette différence de
caractere produifit d'abord un effet contraire
fur l'efprit de Madame de Grignan. Déplo-
rons l'injuftice des perfonnes les plus aimables, qui n'apprécient fouvent le mérite des
autres que par le leur, & qui renferment en
eux-mêmes des mécontentemens qui feroient
promptement effacés, s'ils étoient éclaircis.
Quelqu'aimable que fût Madame de Grignan, il paroît qu'on eut à lui reprocher
quelques caprices, des inattentions, des in-
égalités qui diminuoient l'attrait de fon commerce. C'eft ce que donne à entendre un
paffage de Madame de Sevigné, où elle
peint à fa fille fon propre caractere. « Vous
» êtes bien injufte, ma très-chere, dans le
» jugement que vous faites de vous. Vous

» dites que d'abord on vous croit affez aima-
» ble, & qu'en vous connoiffant davan-
» tage, on ne vous aime plus. C'eft précifé-
» ment le contraire : d'abord on vous craint;
» vous avez un air dédaigneux ; on n'efpere
» pas pouvoir être de vos amis : mais quand
» on vous connoît, il eft impoffible qu'on
» ne s'attache entierement à vous. Si quel-
» qu'un paroît vous quitter, c'eft parce
» qu'on vous aime, & qu'on eft au défef-
» poir de n'être pas aimé autant qu'on le
» voudroit. J'ai entendu louer jufqu'aux nues
» les charmes qu'on trouve dans votre ami-
» tié, & retomber fur le peu de mérite qui
» fait qu'on n'a pu conferver un tel bon-
» heur ; ainfi chacun s'en prend à foi, de
» ce léger refroidiffement : & comme il n'y
» a point de plaintes ni de fujets véritables,
» je crois qu'il n'y auroit qu'à caufer en-
» femble & s'éclaircir pour fe rétrouver
» bons amis ».

Après de longues abfences, le moment où
la mere & la fille pouvoient fe réunir étoit
défiré long-temps ; il arrivoit enfin, mais un
nuage s'élevoit & troubloit le bonheur de
Madame de Sevigné. Ce chagrin, qui étoit
reffenti vivement par elle, a produit plufieurs

Lettres où elle fait appercevoir à sa fille ses torts & ses erreurs d'une façon si touchante, que Madame de Grignan, pénétrée jusqu'au fond de l'ame, n'eut à l'avenir pour cette charmante mere, que les sentimens qu'elle méritoit. Complaisances mutuelles, soins empressés, confiance entiere, reconnoissance parfaite, c'est l'intelligence de deux cœurs qui sentent le besoin l'un de l'autre, & le bonheur d'être unis. « Je reçois vos Lettres, » marque-t-elle à sa fille ; comme vous avez » reçu ma bague. Je fonds en larmes en les » lisant : il me semble que mon cœur veuille » se fendre par la moitié. On croiroit que » vous êtes malade, ou qu'il vous est arrivé » quelqu'accident, & ce n'est rien de tout » cela. Vous m'aimez, ma chere enfant, » vous me le dites d'une maniere que je ne » puis soutenir sans des pleurs en abondance. » Vous vous amusez à penser à moi, à en » parler ; vous aimez à m'écrire vos senti- » mens, à me les dire. De quelque façon » qu'ils me viennent, ils sont reçus avec une » sensibilité qui n'est comprise que de ceux » qui sçavent aimer comme je fais.... Soyez » assurée que je pense continuellement à » vous : c'est ce que les dévots appellent une

» penſée habituelle ; c’eſt ce qu’il faudroit
» avoir pour Dieu, ſi l’on faiſoit ſon devoir....
» Rien ne me donne de diſtraction. Je vois
» ce carroſſe qui avance toujours, & qui
» s’éloigne de moi ; j’ai peur qu’il ne verſe....
» Les pluies qu’il fait depuis trois jours, me
» mettent au déſeſpoir. Le Rhône me fait
» une peur étrange ; j’ai toujours une carte
» devant les yeux : on me dit tantôt mille
» horreurs de cette montagne de Tarare ;
» que je la hais ! je n’ai pas ſur le cœur de
» m’être amuſée depuis votre départ.... On
» ne me trouve guere avancée de ne pou-
» voir encore recevoir de vos Lettres ſans
» pleurer. Je ne le puis, ma fille ; mais ne
» ſouhaitez pas que je le puiſſe. Aimez mes
» tendreſſes, aimez mes foibleſſes : pour
» moi je les aime mieux que les ſentimens
» de Séneque & d’Epictete. Vous m’êtes
» toute choſe, ma chere enfant, je ne con-
» nois que vous ».

Elle dit dans un autre endroit : » J’ai une
» ſanté au-deſſus de toutes les craintes ; je
» vivrai pour vous aimer, & j’abandonne
» ma vie à cette unique occupation, c’eſt-à-
» dire, à toute la joie & à toute la douleur,
» à tous les agrémens, & à toutes les mor-

» telles inquiétudes que cette paſſion pourra
» me donner. Ah! mon enfant, je voudrois
» bien vous voir un peu, vous embraſſer,
» vous entendre, vous voir paſſer, ſi c'eſt
» trop demander que le reſte.... Cela fait
» plaiſir d'avoir un ami comme d'Haque-
» ville, à qui rien de bon, rien de ſolide
» ne manque. Si vous nous aviez défendu
» de parler de vous enſemble, nous ſerions
» bien embarraſſés, car cette converſation
» nous eſt ſi naturelle, que nous y tombons
» inſenſiblement; c'eſt un penchant ſi doux
» qu'on y revient ſans peine; & quand,
» après en avoir bien parlé, nous nous dé-
» tournons un moment, je prends la parole
» d'un bon ton, & je lui dis : mais diſons
» donc un pauvre mot de ma fille.... Il me
» ſemble que depuis votre départ je ſuis
» toute nue; on m'a dépouillée de tout ce
» qui me rendoit aimable : je n'oſe plus voir
» le monde, & quoi qu'on ait fait pour
» m'y mettre, j'ai paſſé ces jours-ci comme
» un loup-garou, ne pouvant faire autre-
» ment. Peu de gens ſont dignes de com-
» prendre ce que je ſens ».

Joindre un cœur auſſi tendre, à tant d'autres belles qualités, c'eſt aſſurément la ma-

niere d'être la plus refpectable ; mais dira-t-on qu'elle eft la plus fûre pour le bonheur ? Hélas ! non. L'expérience nous montre le contraire ; & Madame de Sevigné en eft la preuve évidente. Elle aimoit fi tendrement, elle étoit fi fenfible, elle s'affectoit fi vivement de ce qui touchoit fes amis, que fi fa gaieté naturelle n'eût fervi de contre-poids aux peines de fon cœur, les abfences de fa fille, de fes amis, leur éloignement, leurs difgraces, tout auroit précipité au tombeau cette victime de l'amitié.

Les émotions les plus fortes ont des attraits pour un cœur tendre ; & l'agitation qu'elles y caufent, eft plus douce que pénible. Mais l'état difficile & cruel, c'eft l'inquiétude pour ceux qu'on aime : c'eft un danger long & continu pour leur vie, pour leur fanté. Ce genre de peine fut le plus fatal à Madame de Sevigné ; elle trouva la fin de fa vie dans fix mois d'inquiétude pour celle de Madame de Grignan.

Il falloit donc que vous fuffiez victime de votre amour, ô Mere tendre ! & que votre fille, en revenant à la vie, eût la douleur de vous pleurer pour toujours ! Si votre renommée n'eût dépendu que de vos foins, votre nom feroit peut-être aujourd'hui dans l'oubli. Vous avez vécu fans prétendre, fans penfer à la gloire. Mais votre fille a mieux connu que vous votre mérite & le goût de la poftérité. Elle a trahi votre fecret, en nous tranfmettant vos Lettres; & fans fon heureufe indifcrétion, elle auroit joui feule des titres de votre immortalité. Mais, tant qu'il y aura des cœurs fenfibles, des amis vrais, des Lecteurs dignes de fentir la nature, vos Lettres feront les délices des ames tendres, & le défefpoir des meilleurs Ecrivains.

APPROBATION.

J'AI lu par ordre de Monfeigneur le Garde des Sceaux, un Manufcrit intitulé : *Eloge de Madame la Marquife de Sevigné, &c.* & dans cette production d'une plume féconde & aifée, je n'ai rien vu qui ne fût guidé par les lumieres d'une critique judicieufe, & qui ne juftifiât aux yeux des Lecteurs éclairés, les titres qui lui ont récemment mérité la palme de l'Eloquence dans une célebre Académie. Donné à Paris, ce 22 Mars 1778.

LOURDET, *Profeffeur Royal.*

De l'Imprimerie de la Veuve HERISSANT, rue Neuve Notre-Dame.